LANGUAGE   PROGRAMMES   DEVELOPMENT   CENTRE

Hans Wolfgang Wolff

Geschäfts- und Verhandlungssprache Deutsch

Band 9

LANGUAGE PROGRAMMES DEVELOPMENT CENTRE

Hans Wolfgang Wolff

Geschäfts- und Verhandlungssprache Deutsch

Band 9:

Ein Finanzierungsproblem

MAX HUEBER VERLAG

ÜBERSICHT ÜBER „GESCHÄFTS- UND VERHANDLUNGSSPRACHE DEUTSCH"

Handbuch zum Audio-Kurs (Hueber-Nr. 9680)

Lerneinheit 1: **Das Vorstellungsgespräch** (Hueber-Nr. 9681)
Tonband (Hueber-Nr. 2.9681), Cassette (Hueber-Nr. 3.9681)
Lerneinheit 2: **Ein günstiger Einkauf** (Hueber-Nr. 9682)
Tonband (Hueber-Nr. 2.9682), Cassette (Hueber-Nr. 3.9682)
Lerneinheit 3: **Die Dienstreise** (Hueber-Nr. 9683)
Tonband (Hueber-Nr. 2.9683), Cassette (Hueber-Nr. 3.9683)
Lerneinheit 4: **Eine harte Verkaufsverhandlung** (Hueber-Nr. 9684)
Tonband (Hueber-Nr. 2.9684), Cassette (Hueber-Nr. 3.9684)
Lerneinheit 5: **Versand über die Grenzen** (Hueber-Nr. 9685)
Tonband (Hueber-Nr. 2.9685), Cassette (Hueber-Nr. 3.9685)
Lerneinheit 6: **Das neue Produkt** (Hueber-Nr. 9686)
Tonband (Hueber-Nr. 2.9686), Cassette (Hueber-Nr. 3.9686)
Lerneinheit 7: **Ein Fall für den Computer** (Hueber-Nr. 9687)
Tonband (Hueber-Nr. 2.9687), Cassette (Hueber-Nr. 3.9687)
Lerneinheit 8: **Das erfolgreiche Angebot** (Hueber-Nr. 9688)
Tonband (Hueber-Nr. 2.9688), Cassette (Hueber-Nr. 3.9688)
Lerneinheit 9: **Ein Finanzierungsproblem** (Hueber-Nr. 9689)
Tonband (Hueber-Nr. 2.9689), Cassette (Hueber-Nr. 3.9689)
Lerneinheit 10: **Gute Geschäfte im Ausland** (Hueber-Nr. 9690)
Tonband (Hueber-Nr. 2.9690), Cassette (Hueber-Nr. 3.9690)

Glossare zu Lerneinheit 1 bis 10 von I. Thier und H. W. Wolff:
Deutsch—Englisch   (Hueber-Nr. 2.9680)
Deutsch—Französisch   (Hueber-Nr. 3.9680)
Deutsch—Spanisch   (Hueber-Nr. 4.9680)

ISBN 3–19–00.9689–9
© 1977 Max Hueber Verlag München
3 2 1   1981 80 79 78 77
Die jeweils letzten Ziffern bezeichnen Zahl und Jahr des Druckes.
Alle Drucke dieser Auflage können nebeneinander benutzt werden.
Schreibsatz: Brigitte Schneider, München
Druck: G. J. Manz AG, Dillingen
Printed in Germany

Vorwort

Das vorliegende Programm gehört zu der Serie „GESCHÄFTS- UND VER-
HANDLUNGSSPRACHE DEUTSCH", die ihrerseits einen Bestandteil der
LPDC-Reihe „Sprachen in Wirtschaft und Technik" bildet. Die Serie wendet
sich besonders an Lernende mit guten Grundkenntnissen, die ihre Hörverste-
hens- und Sprechfähigkeit in praxisnahem Industrie- und Wirtschaftsdeutsch
vervollkommnen wollen.

Ausgangspunkt sämtlicher Programme sind Tonbandaufnahmen realistischer
Dialoge.

Die Serie „GESCHÄFTS- UND VERHANDLUNGSSPRACHE DEUTSCH"
führt zum aktiven Gebrauch des Deutschen im Geschäftsleben. Im Maße des
Fortschreitens in der Serie wird das Hörverständnis der Lernenden so weit ge-
schult, daß sie Fachdiskussionen gut folgen und über deren wichtige Punkte
Auskunft geben können. Der Erreichung dieses Ziels dienen die zahlreichen, an
Geschäfts- und Wirtschaftsthemen orientierten Dialoge und die Audio-Testein-
heiten.

Mit dem gleichen Nachdruck wird die Sprechfähigkeit gefördert. Die Arbeit mit
diesem Kurs versetzt die Lernenden in die Lage, Fachgespräche zu führen und
sich in allen wichtigen Situationen einer Fachdiskussion zu behaupten. Dieses
Ziel wird erreicht durch ständiges und vielfach variiertes Üben im dialogischen
Sprechen und Anwenden stereotyper Satzmuster, wobei für die Übungen aus-
schließlich Wortschatz und Strukturen Verwendung finden, die in den Dialogen
vorgegeben sind.

Dialoge und Übungen der Serie sind sprachliche Aktion und Reaktion, die in
Frage und Antwort, Aussage und Stellungnahme, Behauptung und Widerspruch
zum Ausdruck kommen.

Zwar haben Hören und Sprechen klaren Vorrang, doch werden in jeder Lerneinheit auch die Fähigkeiten des Lesens und Schreibens gefördert.

„GESCHÄFTS- UND VERHANDLUNGSSPRACHE DEUTSCH" bietet den
Lernstoff in wohlabgewogenen, abwechslungsreichen Lernschritten, die sich etwa zu gleichen Teilen auf das Buch und das Tonband als Medien verteilen.

Der gesamte Audio-Kurs besteht aus zehn Lerneinheiten. Im Klassenunterricht
bietet er bei zwei Übungsstunden pro Woche (und täglich etwa 15 Minuten
„Training") Stoff für etwa ein Unterrichtsjahr. Der Kurs ist hervorragend geeig-
net für den Klassenunterricht im Sprachlabor und in Klassen, die über wenigstens

ein Tonbandgerät verfügen. Andererseits machen die präzisen Lernanweisungen, die ein- und zweisprachigen Glossare sowie das umfangreiche Tonbandmaterial diese Serie zu einem Unterrichtswerk, das auch lehrerunabhängig mit Hilfe eines Cassetten-Recorders durchgearbeitet werden kann. Der wirtschaftsorientierte Selbstlerner wird es begrüßen, daß dieses Sprachlehrwerk gleichzeitig zahlreiche Sachinformationen aus dem Wirtschafts- und Berufsleben enthält.

Die Entwicklung dieser Programme wäre ohne den Rat und die Hilfe zahlreicher in Industrie und Wirtschaft tätiger Fachleute nicht möglich gewesen.

Der Verfasser dankt insbesondere:
den Herren W. Abt, K. Arras, A. Eisenhardt, G. Frietzsche, Dr. O. Garkisch, G. Homburg, G. Juhnke, H. Koch, W. Kohaut, Dr. H. Linde, W. Mann, E. D. Menges, K. A. Raspe, P. R. Rutka, F. J. Schmid, H. Sobottka, H. Walther, R. Weinrich, E. Winecker, A. Wugk für ihre Mitarbeit bei der Aufnahme authentischer Dialoge und die Klärung von Sachfragen;
seiner Frau Rita Wolff für unermüdliche Mitarbeit.

Hans W. Wolff

Inhaltsverzeichnis

Der schwarze Punkt (●) bedeutet: hier muß der Lernende den Tonträger (Band, Cassette) einsetzen!

Einleitung

Grundlage und Ausgangspunkt des Programms „Ein Finanzierungsproblem"
sind Situationsdialoge, in denen der Verkaufsleiter und ein Finanzierungsspe-
zialist der Firma Euro-Engineering zu Worte kommen.
Der sachliche Inhalt des Programms läßt sich in folgenden Stichworten kurz
kennzeichnen:

Die Ausschreibung — Dem Kunden gefällt das Angebot — Noch keine Bestellung, aber ein Letter of Intent — Finanzierung für den Bau einer schlüsselfertigen Anlage — Lieferungen und Leistungen aus der Bundesrepublik — Lizenz
und Engineering — Die Lieferzeit — Der Lieferantenkredit mit Kreditversicherungsdeckung — Die klassischen Zahlungsbedingungen — Hohe Zinsen — Refinanzierung — Interesse an einem Kapitalhilfekredit— Die Rolle der Kreditanstalt für Wiederaufbau — Projektprüfung im Land des Kunden — Das Ministerium für wirtschaftliche Zusammenarbeit schaltet sich ein — Strenge Maßstäbe
für Kapitalhilfe aus Steuergeldern — Keine Finanzierung von Industrieruinen!

Umschuldungsverhandlungen mit Peru — Kredite über Tochtergesellschaften —
Gute Finanzierungsangebote wegen schlechter Zahlungsbilanz — Der Käufer-
kredit aus England — Keine Belastung der Bilanz durch langes Zahlungsrisiko
— Die Rückgriffsmöglichkeit der englischen Kreditversicherung — Die Bestim-
mungen der Europäischen Gemeinschaft — Zahlungen in Landeswährung —
Der Liefervertrag zwischen der Tochtergesellschaft und dem Kunden — Der
Kredit von Barclays Bank und die Kreditversicherung durch E. C. G. D. —

Der Versicherungsantrag — Das Finanzabkommen mit der Bank — Deckung gegen Bankgarantie — Der Sicherungsgeber — Das Prämienabkommen zwischen
dem Exporteur und der Kreditversicherung — Absicherung des Preiserhöhungsrisikos — Kein Vertrag ohne Preisgleitklausel — Die Bereitstellungsprovision —
Kaufmännische Usancen — Erfolg durch gute Zusammenarbeit zwischen Ver-
Verkaufs- und Finanzabteilung.

Wegweiser durch das Programm

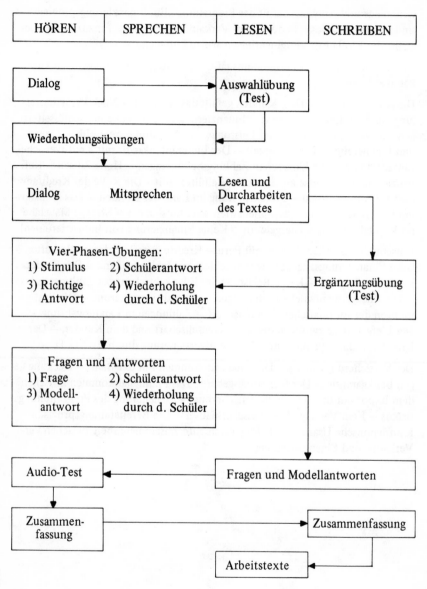

| HÖREN | SPRECHEN | LESEN | SCHREIBEN |

Dialog → Auswahlübung (Test)

Wiederholungsübungen

Dialog — Mitsprechen — Lesen und Durcharbeiten des Textes

Vier-Phasen-Übungen:
1) Stimulus 2) Schülerantwort
3) Richtige Antwort 4) Wiederholung durch d. Schüler

Ergänzungsübung (Test)

Fragen und Antworten
1) Frage 2) Schülerantwort
3) Modellantwort 4) Wiederholung durch d. Schüler

Audio-Test ← Fragen und Modellantworten

Zusammenfassung → Zusammenfassung

Arbeitstexte

1 A Dialog (Tonband)

HÖREN Sie sich den Dialog mehrmals an.
Mehrmaliges Anhören steigert den Lernerfolg.
Das Ende des Dialogs Teil 1 wird durch einen Gongschlag gekennzeichnet.
Machen Sie unmittelbar im Anschluß daran die Auswahlübung 1 B und die Wiederholungsübung 1 D.
Lesen Sie den Dialogtext jetzt noch nicht mit, sondern üben Sie Ihr Hörverständnis.

1 B Auswahlübung

LESEN Sie den folgenden Text. Kreuzen Sie diejenige Aussage an, die den im Dialog gegebenen Informationen entspricht. Den Schlüssel zu dieser Übung finden Sie unter 1 C.

1. Die Lieferungen und Leistungen aus der Bundesrepublik betreffen die Lieferung von Spezialteilen sowie
   a) die Bestellung und die Lizenz
   b) die Lizenz und das Engineering
   c) das Engineering und die Ausschreibung

2. Was die Frage der Kredite für Lieferungen aus Deutschland betrifft, so gibt es grundsätzlich die Möglichkeit eines Lieferantenkredits mit
   a) Kreditversicherungsdeckung
   b) Refinanzierungsdeckung
   c) Regierungsdeckung

3. Die Kreditanstalt für Wiederaufbau macht die Vergabe eines Darlehens unter anderem abhängig von
   a) der für das Verfahren zu zahlenden Lizenz
   b) dem Ergebnis einer genauen technischen Prüfung des Projekts
   c) der Bauzeit der zu erstellenden Anlage

4. Die bei der Bundesregierung in Bonn für die Zustimmung zu Kapitalhilfekrediten zuständige Stelle ist
   a) das Finanzministerium
   b) das Wirtschaftsministerium
   c) das Ministerium für wirtschaftliche Zusammenarbeit

1 C Schlüssel zur Auswahlübung

1. b)   2. a)   3. b)   4. c)

1 D Wiederholungsübung (Tonband)

HÖREN Sie Ihren Tonbandlehrern zu. SPRECHEN Sie in den Pausen nach. Auf dem Tonband folgt diese Übung dem Dialog 1 A. Schauen Sie beim Nachsprechen nicht in Ihr Buch. Imitieren Sie Aussprache und Intonation der Sprecher(in). Wiederholen Sie diese Übung mehrmals.

1 E Wiederholungsübung

LESEN Sie diesen Text erst nach der Arbeit mit dem Tonband.

unsere Anlage – unser Verfahren und unsere Anlage – die Wahl ist auf unser Verfahren und unsere Anlage gefallen – die Wahl des Kunden ist auf unser Verfahren und unsere Anlage gefallen

der Kunde hat uns gebeten – der Kunde hat uns um ein Angebot gebeten – der Kunde hat uns um ein günstiges Finanzierungsangebot gebeten – der Kunde hat uns sehr nachdrücklich um ein günstiges Finanzierungsangebot gebeten

in Kauf nehmen – technische Risiken in Kauf nehmen – wir müssen eine Menge technische Risiken in Kauf nehmen – wir müssen als Ingenieure eine ganze Menge technische Risiken in Kauf nehmen

Kapitalhilfekredit – Interesse an einem Kapitalhilfekredit – besonderes Interesse an einem billigen Kapitalhilfekredit – der Kunde hat sein besonderes Interesse an einem billigen Kapitalhilfekredit geäußert

das Projekt wird untersucht – das Projekt wird unter technischen Gesichtspunkten untersucht – das Projekt wird unter technischen und wirtschaftlichen Gesichtspunkten untersucht – das Projekt wird an Ort und Stelle unter technischen und wirtschaftlichen Gesichtspunkten untersucht

aus Steuergeldern gespeist – Kapitalhilfe aus Steuergeldern – strenge Maßstäbe – es müssen strenge Maßstäbe angelegt werden – da die Kapitalhilfe aus Steuergeldern gespeist wird, müssen sehr strenge Maßstäbe angelegt werden

gesunde Projekte – es handelt sich um gesunde Projekte – man will sichergehen, daß es sich um gesunde Projekte handelt – man will natürlich ganz sichergehen, daß es sich um absolut gesunde Projekte handelt

1 F Dialog (Tonband und Buch)

HÖREN Sie sich den Dialog 1 A nochmals an. LESEN Sie gleichzeitig den folgenden Dialogtext *stumm* mit. Arbeiten Sie anschließend den Text durch. Dabei hilft Ihnen das einsprachige Glossar im Anschluß an den Dialogtext, auf das die Zahlen vor den zu erklärenden Ausdrücken verweisen. HÖREN Sie sich schließlich den Dialog nochmals an und versuchen Sie, ihn gleichzeitig zu SPRECHEN.

Herr Meyer: Guten Tag, Herr Koch. Wie geht's? Viel Arbeit wie immer?

Herr Koch: Danke, Herr Meyer, es könnte schlimmer sein. Sie haben ein Finanzierungsproblem?

Herr Meyer: Ja, wir brauchen Ihren Rat. Wir haben aufgrund der (1) *Ausschreibung* einer peruanischen Firma ein (2) *Angebot* für eine Raffinerie abgegeben, und die Wahl des Kunden ist auf unser (3) *Verfahren* und unsere (4) *Anlage* gefallen.

Herr Koch: Gratuliere! Haben Sie schon eine schriftliche (5) *Bestellung?*

Herr Meyer: Wir haben gestern einen (6) *Letter of Intent* erhalten. Gleichzeitig hat der Kunde uns sehr (7) *nachdrücklich* um ein günstiges Finanzierungsangebot gebeten. Welche Möglichkeiten haben wir zur Zeit für eine Finanzierung aus Deutschland?

Herr Koch: Was kostet die Anlage?

Herr Meyer: Es handelt sich um eine (8) *schlüsselfertig* zu (9) *erstellende* Anlage. Der Gesamtpreis einschließlich (10) *Seefracht,* (11) *Versicherungen* und so weiter wird (12) *zirka* achtzehn bis zwanzig Millionen D-Mark betragen.

Herr Koch: Wie hoch ist der Mindestanteil der (13) *Lieferungen und Leistungen* aus der Bundesrepublik?

Herr Meyer: Wir können unseren Anteil für die (14) *Lizenz,* das (15) *Engineering* und die Lieferung von Spezialteilen auf maximal fünfundzwanzig Prozent des Vertragspreises (16) *beschränken.*

Herr Koch: Hm. Und wie steht es mit der Bauzeit?

Herr Meyer: Wir haben zunächst eine Lieferzeit von zwölf bis achtzehn Monaten für die (17) *FOB-Lieferung* der (18) *Ausrüstungen,* während wir für die Bauzeit als solche mit etwa siebenundzwanzig Monaten rechnen.

Herr Koch: Aha, so sieht das aus.
Nun, Herr Meyer, Sie wissen, daß wir dem Kunden für die Lieferung aus Deutschland (19) *grundsätzlich* zunächst einen (20) *Lieferantenkredit* mit einer (21) *Kreditversicherungsdeckung* zur Verfügung stellen können.

Herr Meyer: Das wäre ein Kredit für fünf Jahre . . .

Herr Koch: Ja, fünf Jahre, mit den klassischen Zahlungsbedingungen, das heißt zehn Prozent (22) *Anzahlung,* zehn Prozent bei Lieferung und achtzig Prozent in (23) *fünf Jahren bei zehn gleichen Halbjahresraten.* Dabei sind gewisse kleine Varianten möglich.

Herr Meyer: Wieviel (24) *Zinsen* müßte der Kunde dafür bezahlen?

Herr Koch: Zur Zeit müßten wir etwa neuneinhalb Prozent verlangen. Das hängt damit zusammen, daß wir uns über die (25) *AKA* (26) *refinanzieren* müssen.

Herr Meyer: Ich glaube nicht, daß diese Lösung für den Kunden attraktiv genug ist, (27) *zumal* er behauptet, daß er von einer englischen Finanzfirma ein phantastisch günstiges Angebot erhalten hat.

Herr Koch: Herr Meyer, ich kann mir nicht vorstellen, daß ein englischer Finanzier ein besonders günstiges Angebot machen kann, ohne besonders große (28) *Risiken einzugehen* . . .

Herr Meyer: . . . denen wir aus dem Wege gehen wollen, da wir als Ingenieure ja schon eine ganze Menge technische Risiken (29) *in Kauf nehmen* müssen!

Herr Koch: Natürlich. Ich möchte noch einmal auf den Lieferantenkredit zurückkommen. In diesem Fall wären w̲i̲r̲ für die Zurverfügungstellung des Kredits verantwortlich.

Herr Meyer: Das heißt also, daß wir praktisch die Rolle der Bank spielen würden?

Herr Koch: Genau. Und das ist für den Kunden insofern angenehm, als er dadurch die (30) *Limits,* die er bei seinen Banken hat, (31) *schont.* Auch kann er Rückzahlungen (32) *unter Umständen* etwas (33) *hinausschieben,* was bei der Finanzierung durch eine Bank nie möglich ist.

Herr Meyer:	Trotzdem glaube ich, daß in unserem Fall ein Lieferantenkredit (34) *nicht in Betracht kommt.* Mir liegt nämlich auch ein Bericht unserer (35) *Vertretung* in Peru vor, wonach der Kunde sein besonderes Interesse an einem billigen (36) *Kapitalhilfekredit* geäußert hat. Ist es möglich, aus der Bundesrepublik einen solchen Kredit für ein Projekt in Peru zu erhalten?
Herr Koch:	Verantwortlich für die Auszahlung von Kapitalhilfekrediten ist die (37) *Kreditanstalt für Wiederaufbau.* Sie macht die Vergabe eines (38) *Darlehens* zunächst einmal abhängig von dem Ergebnis einer sehr genauen technischen Prüfung des Projekts.
Herr Meyer:	(39) *Wie geht* denn diese Prüfung *vor sich?*
Herr Koch:	Zunächst muß der Kunde in seinem eigenen Land bei den (40) *zuständigen* Ministerien (41) *vorstellig werden* und ihnen das Projekt zur Prüfung vorlegen.
Herr Meyer:	Und was geschieht, wenn das Ergebnis positiv ist?
Herr Koch:	Dann bemüht sich die Regierung des betreffenden Landes um eine Prüfung des Projekts bei der Bundesregierung in Bonn.
Herr Meyer:	Welches Ministerium ist denn hierfür in Bonn zuständig?
Herr Koch:	Das (42) *Ministerium für wirtschaftliche Zusammenarbeit.* Wenn man dort feststellt, daß ein (43) *volkswirtschaftliches* Interesse des Empfängerlandes für die Durchführung des Projekts besteht, wird innerhalb der Kreditanstalt für Wiederaufbau eine Kommission gebildet, die nun ihrerseits das Projekt an Ort und Stelle unter technischen und wirtschaftlichen (44) *Gesichtspunkten* untersucht.
Herr Meyer:	Das kommt mir aber reichlich bürokratisch vor!
Herr Koch:	Nun, das mag bürokratisch erscheinen, aber auf der anderen Seite dürfen Sie nicht vergessen, daß die Kapitalhilfe aus (45) *Steuergeldern* gespeist wird, und da müssen natürlich strenge (46) *Maßstäbe angelegt* werden. Solche Kredite werden über sehr lange Zeiträume zurückgezahlt, beispielsweise dreißig Jahre, und zu ganz niedrigen Zinssätzen. Aus diesem Grund will man natürlich ganz sichergehen, daß es sich um absolut gesunde Projekte handelt.
Herr Meyer:	Damit man keine künftigen Industrieruinen finanziert! (47) *Das*

leuchtet ein. Andererseits können wir doch wohl davon ausgehen, daß die Regierungen der Länder, die *um* einen solchen (48) *Kredit nachsuchen,* ihre Projekte für ökonomisch realisierbar halten.

Herr Koch: Das ist richtig. Aber Sie wissen auch, daß sich in der Vergangenheit gewisse kleine Staaten nachdrücklich um Kapitalhilfe für den Bau großer Stahlwerke bemüht haben, die absolut unwirtschaftlich waren ...

Herr Meyer: Aber gebaut wurden sie doch!

Herr Koch: Sehen Sie, und deswegen sind die Kapitalhilfeprüfungen heute viel schärfer, als sie früher waren.

(1 Gongschlag)

1 G Glossar

1 die Ausschreibung	die Aufforderung, ein Angebot aufgrund genau festgelegter Bedingungen (z. B. Preis, Lieferzeit, Leistung, Zahlungsbedingungen etc.) abzugeben
2 das Angebot	die Offerte; hier die schriftliche Formulierung von Sach- und Dienstleistungen mit Angabe von Preis, Lieferzeit u. a.
3 das Verfahren	die Methode zur Erreichung eines Ziels; gemeint ist hier ein technologisches Verfahren, das z. B. chemischer, physikalischer oder mechanischer Art sein kann
4 die Anlage	hier: die Fabrik
5 die Bestellung	der Auftrag, die Order
6 der Letter of Intent	dieser englische Ausdruck hat Eingang in die deutsche Geschäftssprache gefunden; es handelt sich hier um einen Brief, in dem eine Firma ihre Absicht erklärt, einer anderen Firma eine Bestellung zu erteilen
7 nachdrücklich	intensiv
8 schlüsselfertig	komplett ausgestattet und montiert
9 erstellen	bauen, errichten
10 die Seefracht	= die Seefrachtrate = der Preis, der für den Transport der Güter auf dem Seeweg berechnet wird; die Seefrachtraten richten sich nach der Art des Gutes
11 die Versicherung	der Risikoschutz; der Versicherungsvertrag verpflichtet den Versicherer dem Versicherten (Versicherungsnehmer) gegenüber zu einer festgesetzten Leistung, wenn ein bestimmtes Ereignis, z. B. ein Schadensfall, eintritt. Der Versicherungsnehmer seinerseits ist zur Zahlung einer Prämie verpflichtet
12 zirka	etwa, ungefähr
13 die Lieferungen und Leistungen	hier: Maschinen, Apparate, Material einerseits und Dienstleistungen andererseits

14 die Lizenz	die Erteilung der Befugnis durch den Patentinhaber, ein Patent zu nutzen; oft bezeichnet man mit dem Kurzausdruck „Lizenz" auch die Lizenzgebühr, das heißt den Geldbetrag, den ein Patentinhaber − hier der Lizenzgeber − von einem Patentbenutzer − hier dem Lizenznehmer − fordern kann
15 das Engineering	Dienstleistungen eines Ingenieurunternehmens für den Bau einer Anlage durch Anfertigen von Zeichnungen, Plänen, Berechnungen etc.
16 wir können unseren Anteil auf 25 % beschränken	wir können unseren Anteil auf 25 % begrenzen; wir brauchen mit unserem Anteil nicht über 25 % hinauszugehen
17 FOB	auch F.O.B., Fob oder fob; aus dem Englischen „free on board"; wenn der Verkäufer „F.O.B." liefert, trägt er die Kosten für den Transport bis zum Schiff und für die Schiffsverladung
18 die Ausrüstungen	die Einrichtungen (Maschinen, Apparate, Konstruktionen, Material)
19 grundsätzlich	im Prinzip
20 der Lieferantenkredit	eine Erläuterung dieses Begriffs finden Sie in den „Arbeitstexten" auf Seite 66
21 die Kreditversicherungsdeckung	eine Erläuterung dieses Begriffs finden Sie in den „Arbeitstexten" auf Seite 65
22 die Anzahlung	die erste von mehreren Zahlungen bei Abschluß eines Geschäfts; die erste Rate
23 Zahlung in 5 Jahren bei zehn Halbjahresraten	5 Jahre lang wird alle 6 Monate eine Zahlung fällig
24 der Zins, die Zinsen	Preis für die Überlassung von Kapital auf Zeit; der Zinsfuß, oder Zinssatz, ist die Höhe der Zinsen, ausgedrückt in % des Kapitals
25 die AKA	Kreditinstitut in der Bundesrepublik Deutschland; Erläuterungen hierzu finden Sie in den „Arbeitstexten" auf Seite 67

26 refinanzieren	die Refinanzierung ist die Aufnahme fremder Mittel, um damit anderen Kredit gewähren zu können
27 zumal	insbesondere weil
28 ein Risiko eingehen	eine Verlustmöglichkeit in Kauf nehmen, sich auf ein Wagnis einlassen
29 das müssen wir in Kauf nehmen	damit müssen wir uns abfinden, das müssen wir hinnehmen
30 das Limit	aus dem Englischen stammender Ausdruck, der hier die Kreditgrenze bezeichnet, die der Bankkunde nicht überschreiten darf
31 wir müssen unsere Reserven schonen	wir müssen mit unseren Reserven sparsam, haushälterisch umgehen; wir dürfen unsere Reserven nicht — oder nur wenig — angreifen, in Anspruch nehmen
32 unter Umständen	gegebenenfalls, eventuell
33 Zahlungen hinausschieben	Zahlungen verzögern; Zahlungen verspätet, erst nach Fälligkeit leisten
34 ein Kredit kommt nicht in Betracht	ein Kredit ist ausgeschlossen
35 die Vertretung	hier: Büro eines oder mehrerer Vertreter; Vertreter sind Personen, die ständig damit betraut sind, für einen anderen Geschäfte zu vermitteln und/oder in dessen Namen abzuschließen; bei selbständiger Tätigkeit sind sie Handelsvertreter, sonst Angestellte
36 der Kapitalhilfekredit	eine Erläuterung dieses Begriffs finden Sie in den „Arbeitstexten" auf Seite 67
37 die Kreditanstalt für Wiederaufbau (KfW)	Kreditinstitut in der Bundesrepublik Deutschland; Erläuterungen hierzu finden Sie in den „Arbeitstexten" auf Seite 68
38 das Darlehen	der Kredit; unter Darlehen ist hier zu verstehen die Hingabe von Geld seitens des Darlehensgebers an den Darlehensnehmer, der einerseits das Recht der Nutzung und des Verbrauchs, andererseits die Pflicht der Rückerstattung (Rückzahlung) hat

39 Wie geht die Prüfung vor sich?   Wie spielt sich die Prüfung ab? Wie wird geprüft?

40 Wer ist zuständig für diese Angelegenheit?   Wer ist verantwortlich für diese Angelegenheit? Wer bearbeitet die Angelegenheit?

41 der Kunde muß bei dem zuständigen Ministerium vorstellig werden   der Kunde muß sich an das zuständige Ministerium wenden

42 das Ministerium für wirtschaftliche Zusammenarbeit   eines der Bundesministerien, zuständig u. a. für Wirtschaftshilfe für Entwicklungsländer

43 volkswirtschaftlich   die Volkswirtschaftslehre (Nationalökonomie) beschäftigt sich mit den gesamtwirtschaftlichen Erscheinungen eines Staates und mit internationalen Wirtschaftsfragen, z. B. mit Problemen des Geld- und Kreditwesens, der Warenproduktion, des Handels und des Konsums

44 unter technischen Gesichtspunkten   unter technischen Aspekten

45 die Steuer   Steuern sind einmalige oder laufende Geldleistungen, die nicht eine Gegenleistung für eine bestimmte Leistung darstellen; sie werden von einem öffentlich-rechtlichen Gemeinwesen den Steuerpflichtigen auferlegt

46 es müssen strenge Maßstäbe angelegt werden   für die Beurteilung wird eine kritische Einstellung gefordert

47 das leuchtet ein   das ist verständlich, das liegt auf der Hand

48 wir werden um einen Kredit nachsuchen   wir werden um einen Kredit bitten, wir werden einen Kreditantrag stellen

1 H Ergänzungsübung

SCHREIBEN Sie die fehlenden Wörter in die Lücken. Den Schlüssel zu dieser
Übung finden Sie unter 1 I.

1. Wir haben . . . grund der . . . schreibung einer peruanischen Firma ein Angebot . . . . geben, und die W . . . des Kunden ist . . . unser Verfahren gefallen.

2. Der Ge . . . . preis der Anlage wird ein . . . . See . . . . . . , Versicherungen und so . . . . . . zirka 20 Millionen D-Mark . . . .

3. Es handelt sich . . die klassischen Zahlungs . . . . , das . . . . .
   10 % . . . Lieferung und 80 % in 5 Jahren . . . 10 gleichen Halbjahres-
   . . . .

4. Im Falle des Lieferantenkredits kann der Kunde . . . . . Umständen seine
   . . . . zahlungen etwas . . . . . . schieben, was . . . der Finanzierung . . . . .
   eine Bank nie möglich ist.

5. Der Kunde muß in seinem e . . . . . . Land bei den zu . . . . Ministeri-
   en . . . stellig werden und ihnen das Projekt . . . Prüfung . . . legen.

6. Im Ministerium für wirtschaftliche . . . . arbeit wird . . . . . . stellt, . .
   ein . . . . . wirtschaftliches Interesse des . . . fängerlandes für die . . . . . füh-
   rung des Projekts . . steht.

7. Man kann . . . . . ausgehen, daß die R . . . . der Länder, die . . einen Kredit . . . . suchen, ihre Projekte . . . ökonomisch realisier . . . halten.

1. aufgrund – Ausschreibung – abgegeben – Wahl – auf
2. Gesamtpreis – einschließlich – Seefracht – weiter – betragen
3. um – Zahlungsbedingungen – heißt – bei – bei – Halbjahresraten
4. unter – Rückzahlungen – hinausschieben – bei – durch
5. eigenen – zuständigen – vorstellig – zur – vorlegen
6. Zusammenarbeit – festgestellt – ob – volkswirtschaftliches – Empfänger-landes – Durchführung – besteht
7. davon – Regierungen – um – nachsuchen – für – realisierbar

2 A Dialog (Tonband)

HÖREN Sie sich den Dialog mehrmals an.
Das Ende des Dialogs Teil 2 wird durch zwei Gongschläge gekennzeichnet.
Machen Sie wieder unmittelbar im Anschluß daran die Auswahlübung 2 B und die Wiederholungsübung 2 D.

2 B Auswahlübung

LESEN Sie den folgenden Text. Kreuzen Sie diejenige Aussage an, die den im Dialog gegebenen Informationen entspricht. Den Schlüssel zu dieser Übung finden Sie unter 2 C.

1. Nach Aussage von Herrn Koch sind Länder mit geringer Preisstabilität gezwungen, ihren Export zu erhöhen, um
   a) die Kapitalausstattung der Firma zu verbessern
   b) finanzielle Rückgriffsmöglichkeiten zu haben
   c) ihre schlechte Zahlungsbilanz zu verbessern

2. Der Angebotspreis schließt auch die Leistungen örtlicher Firmen ein, allerdings
   a) in peruanischer Währung
   b) fällt dieser Anteil auch unter den Kredit
   c) wird hierfür die Tochtergesellschaft in Peru eingeschaltet

3. Die englische Kreditversicherung behält sich die Prüfung des Vertrags vor, dafür haftet sie aber auch
   a) bis zu einer Größenordnung von 10 Millionen Mark
   b) im Schadensfall ohne weitere Prüfung
   c) selbst bei negativem Ergebnis

4. Der zwischen dem Kunden und Euro-Engineering ausgehandelte Vorvertrag muß der englischen Kreditversicherung vorgelegt werden. Wenn diese Änderungswünsche hat, ist Euro-Engineering gezwungen,
   a) aus anderen europäischen oder außereuropäischen Ländern zu liefern
   b) erneut mit dem Kunden zu verhandeln
   c) eine andere kreditgebende Institution zu suchen

2 C Schlüssel zur Auswahlübung

1. c)   2. a)   3. b)   4. b)

26

2 D Wiederholungsübung (Tonband)

HÖREN Sie Ihren Tonbandlehrern zu. SPRECHEN Sie in den Pausen nach.
Auf dem Tonband folgt diese Übung dem Dialog 2 A. Schauen Sie beim
Nachsprechen nicht in Ihr Buch. Imitieren Sie Aussprache und Intonation der
Sprecher(in). Wiederholen Sie diese Übung mehrmals.

2 E Wiederholungsübung

LESEN Sie diesen Text erst nach der Arbeit mit dem Tonband.

aus England − ein Teil wird aus England bezogen − ein Teil der Ausrüstungen wird aus England bezogen − ein wesentlicher Teil der Ausrüstungen wird aus England bezogen

eine Rückgriffsmöglichkeit − eine Rückgriffsmöglichkeit auf die Muttergesellschaft − eine Rückgriffsmöglichkeit auf die Muttergesellschaft in Deutschland − die Kreditversicherung verlangt eine Rückgriffsmöglichkeit auf die Muttergesellschaft in Deutschland − es kann sein, daß die Kreditversicherung eine Rückgriffsmöglichkeit auf die Muttergesellschaft in Deutschland verlangt

innerhalb der EG − Vereinbarungen innerhalb der EG − für die Finanzierung gibt es Vereinbarungen innerhalb der EG

Leistungen − Lieferungen und Leistungen − keinen Unterschied zwischen Lieferungen und Leistungen − die Kreditversicherung macht keinen Unterschied zwischen Lieferungen und Leistungen

Leistungen gegen Bezahlung − Leistungen gegen Bezahlung in peruanischer Währung − Leistungen örtlicher Firmen gegen Bezahlung in peruanischer Währung − der Angebotspreis schließt auch die Leistungen örtlicher Firmen ein, allerdings gegen Bezahlung in peruanischer Währung

die Gestaltung des Vertrags − Einfluß auf die Gestaltung des Vertrags − die Versicherung nimmt Einfluß auf die Gestaltung des Vertrags − wir müssen damit rechnen, daß die Versicherung Einfluß auf die Gestaltung des Vertrags nimmt

Verhandeln − erneut mit dem Kunden verhandeln − wir sind gezwungen, erneut mit dem Kunden zu verhandeln − im Falle von Änderungswünschen sind wir gezwungen, erneut mit dem Kunden zu verhandeln

28

2 F Dialog (Tonband und Buch)

HÖREN Sie sich den Dialog 2 A nochmals an. LESEN Sie gleichzeitig den folgenden Dialogtext *stumm* mit. Arbeiten Sie anschließend den Text durch. Dabei hilft Ihnen das einsprachige Glossar im Anschluß an den Dialogtext, auf das die Zahlen vor den zu erklärenden Ausdrücken verweisen. HÖREN Sie sich schließlich den Dialog nochmals an und versuchen Sie, ihn gleichzeitig zu SPRECHEN.

Herr Koch: Herr Meyer, es gibt noch einen anderen (1) *Umstand,* den wir bei der Beurteilung von Lieferantenkrediten und Kapitalhilfekrediten (2) *berücksichtigen* müssen.

Herr Meyer: Und der wäre?

Herr Koch: Was den Lieferantenkredit angeht, so würden zur Zeit aufgrund der (3) *Umschuldungsverhandlungen* mit Peru nur Geschäfte bis zu einer (4) *Größenordnung* von zehn Millionen Mark gedeckt. Die Kreditanstalt für Wiederaufbau ihrerseits (5) *setzt* für eine Kapitalhilfe *voraus,* daß das Geschäft auch (6) *im Rahmen* eines Lieferantenkredits deckungsfähig wäre.

Herr Meyer: Das bedeutet also, daß zur Zeit eine Kapitalhilfe für ein Einzelprojekt auf zehn Millionen beschränkt bliebe . . .

Herr Koch: Das ist richtig.

Herr Meyer: Gut. Gehen wir einmal davon aus, daß die von Ihnen erwähnte Prüfung des Projekts durch die KfW *ein negatives Ergebnis* (7) *zeitigt.* Welche anderen Möglichkeiten gibt es für die Finanzierung des Projekts?

Herr Koch: Zum Beispiel die (8) *Einschaltung* unserer (9) *Tochtergesellschaften* in den verschiedenen europäischen Ländern. Besonders günstig erscheinen mir zur Zeit Frankreich und England.

Herr Meyer: Das ist interessant. Für England spräche, daß ein ganz wesentlicher Teil der Ausrüstungen (10) *ohnehin* aus England (11) *bezogen* wird.

Herr Koch: Sind dafür (12) *Kostengründe maßgebend?*

Herr Meyer: Nein, das hat technische Gründe. — Eigentlich wundert es mich

	ja, Herr Koch, daß ein Land mit relativ geringer Preisstabilität besonders gute Finanzierungsangebote machen kann ...
Herr Koch:	Nun, solche Länder sind gezwungen, ihren Export zu erhöhen, um ihre schlechte (13) *Zahlungsbilanz* zu verbessern, und deshalb leisten sie mehr Exporthilfe als andere Länder.
Herr Meyer:	An welche Art von Kredit denken Sie?
Herr Koch:	An einen (14) *Käuferkredit.* Er ist in England für den Kunden billiger als ein Lieferantenkredit aus Deutschland, und er bringt zudem Vorteile für uns (15) *beziehungsweise* für unsere Tochtergesellschaft.
Herr Meyer:	Welche Vorteile meinen Sie da?
Herr Koch:	Bei einem Käuferkredit zahlt die Bank an uns zu (16) *Barzahlungsbedingungen.* Zum andern belasten wir unsere Bilanz nicht mit dem langen Zahlungsrisiko, und schließlich kommen wir früher zu unserem Geld.
Herr Meyer:	Hm. Nun könnte ich mir aber vorstellen, daß die kreditgebenden Institutionen in England unsere Tochtergesellschaft nicht als hundertprozentig englische Firma ansehen und sie somit ... na, sagen wir mal kritischer beurteilen als englische Firmen.
Herr Koch:	Das mag (17) *bei der Gründung* von Euro-Engineering U. K. so gewesen sein, aber mittlerweile hat unsere Tochtergesellschaft die gleichen Möglichkeiten wie jede andere britische Exportfirma. Gut, es kann sein, daß der englische Kreditversicherer eine (18) *Rückgriffsmöglichkeit* auf die Muttergesellschaft in Deutschland verlangt ...
Herr Meyer:	Also doch Mißtrauen!
Herr Koch:	Nein, das würde ich nicht so sehen. Das hätte (19) *meines Erachtens* in erster Linie seinen Grund in der relativ geringen (20) *Kapitalausstattung* der Euro-Engineering U. K. Da ist es verständlich, daß sich die (21) *E.C.G.D.,* die englische Kreditversicherung, notfalls an die eigentlich verantwortliche Firma in Deutschland halten will.
Herr Meyer:	Eine komplizierte Angelegenheit ... Wie hoch darf denn der ausländische Anteil an den Lieferungen bei einem solchen Käuferkredit aus England sein?
Herr Koch:	Nun, für die Finanzierung und Abdeckung von ausländischen

Zulieferungen gibt es Vereinbarungen innerhalb der (22) *EG*, und zwar (23) *beläuft sich* der zulässige Anteil *auf* fünfundzwanzig bis dreißig Prozent.

Herr Meyer: Schließt das den Engineeringanteil ein? Sie wissen ja, daß das Engineering aus der Bundesrepublik bezogen werden muß ...

Herr Koch: Der Kreditversicherer macht keinen Unterschied zwischen Lieferungen und Leistungen, also ist das Engineering in dem genannten Prozentsatz enthalten.

Herr Meyer: Das ist gut. Ich sagte Ihnen ja schon, daß wir *mit* maximal fünfundzwanzig Prozent des Verkaufspreises für Lieferungen und Leistungen aus der Bundesrepublik (24) *auskommen.*

Herr Koch: Das ist richtig. Nur der guten Ordnung halber: Kommen noch irgendwelche Zulieferungen aus anderen europäischen oder außereuropäischen Ländern?

Herr Meyer: Nein. Sie können davon ausgehen, daß die Lieferungen lediglich aus England und Deutschland kommen.

Herr Koch: Ist die Montage und (25) *Inbetriebsetzung* im Preis enthalten?

Herr Meyer: Ja. Die Ausschreibung fordert die Errichtung einer schlüsselfertigen Anlage. Aus diesem Grund schließt unser Angebotspreis auch die Leistungen örtlicher Firmen für Bauarbeiten und Montage ein, allerdings in peruanischer (26) *Währung.*

Herr Koch: Das heißt also, daß der peruanische Anteil nicht unter den Kredit fällt – oder?

Herr Meyer: Nein, dieser Anteil soll nach Aussage des Kunden (27) *in bar* bezahlt werden.

Herr Koch: Gut, dann brauchen wir uns darum nicht zu kümmern.

Herr Meyer: Ja! Die Frage wäre nun, was unsere Tochtergesellschaft (28) *unter diesen Voraussetzungen* tun kann ...

Herr Koch: Nun, ich denke an eine Konstruktion, die Euro-Engineering U.K., E.C.G.D. und Barclays Bank einbezieht. Grundlage wäre ein normaler Liefervertrag zwischen unserer Tochtergesellschaft und dem Kunden. Dieser Liefervertrag ...

Herr Meyer: Entschuldigen Sie, wenn ich unterbreche: In Deutschland *steht es* dem Lieferanten völlig (29) *frei, wie er* seinen Liefervertrag *gestaltet.* Ist das in England genauso, oder müssen wir damit rechnen, daß die E.C.G.D. Einfluß auf die Gestaltung des Vertrags nimmt?

Herr Koch: Das müssen wir. Die E.C.G.D. behält sich die Prüfung des Vertrags vor, (30) *haftet* dafür aber *im Schadensfall* ohne weitere Prüfung.

Herr Meyer: Das heißt aber doch mit anderen Worten, daß der zwischen dem peruanischen Kunden und uns bereits (31) *ausgehandelte Vorvertrag* der E.C.G.D. vorgelegt werden muß und daß wir im Falle von Änderungswünschen gezwungen sind, erneut mit dem Kunden zu verhandeln . . .

Herr Koch: Ja, da haben Sie recht. Es kann durchaus sein, daß Sie (32) *in diesen sauren Apfel beißen* müssen.

(2 Gongschläge)

2 G Glossar

1 der Umstand   die Tatsache, die Gegebenheit

2 diesen Umstand müs-   dieser Tatsache müssen wir Rechnung tragen
sen wir berücksichtigen

3 die Umschuldung   eine Erläuterung dieses Begriffs finden Sie in den
„Arbeitstexten" auf Seite 66

4 die Größenordnung   bei Zahlen: der ungefähre Bereich, der zur Orientie-
rung dient

5 die KfW setzt für eine   für eine Kapitalhilfe stellt die KfW die Bedingung,
Kapitalhilfe voraus,   daß das Geschäft deckungsfähig ist
daß das Geschäft
deckungsfähig ist

6 im Rahmen eines   im Zusammenhang mit einem Lieferantenkredit
Lieferantenkredits

7 die Prüfung hat ein   das Ergebnis der Prüfung war positiv
positives Ergebnis
gezeitigt

8 die Einschaltung   die Inanspruchnahme

9 die Tochtergesell-   die Filiale
schaft

10 ohnehin   sowieso

11 diese Ausrüstungen   diese Einrichtungen werden in England gekauft
werden aus England
bezogen

12 Sind dafür Kosten-   Ist das wegen der Kosten so?
gründe maßgebend?

13 die Zahlungsbilanz   die wertmäßige Gegenüberstellung aller außenwirt-
schaftlichen Transaktionen eines Landes für einen
bestimmten Zeitraum

14 der Käuferkredit   eine Erläuterung dieser Kreditart finden Sie in den
„Arbeitstexten" auf Seite 67

15 beziehungsweise   oder

16 die Barzahlungsbe- dingungen	diese Bedingungen beziehen sich auf sogenannte Bargeschäfte, im Gegensatz zu Finanzierungsge-schäften
17 bei der Gründung der Firma	als die Firma ins Leben gerufen wurde
18 der Rückgriff	der Regreß, das heißt die Inanspruchnahme eines Hauptschuldners durch einen ersatzweise haften-den Schuldner
19 meines Erachtens	meiner Meinung nach, nach meinem Dafürhalten
20 die Kapitalausstattung	in der Bundesrepublik Deutschland z. B. das Grund-kapital einer AG (Aktiengesellschaft) oder das Stammkapital einer GmbH (Gesellschaft mit be-schränkter Haftung)
21 die E.C.G.D.	die staatliche Exportkreditversicherungsgesellschaft in England (Export Credit Guarantee Department)
22 die EG	die Europäische Gemeinschaft, die Länder der Euro-päischen (Wirtschafts-)Gemeinschaft
23 der Anteil beläuft sich auf 30 %	der Anteil beträgt 30 %
24 wir werden mit 20 % auskommen	20 % werden uns genügen
25 die Inbetriebsetzung (die Inbetriebnahme)	der erste industrielle Betrieb der Anlage
26 die Währung	die gesetzlichen Zahlungsmittel, benannt nach der nationalen Währungseinheit (z. B. in der Bundesre-publik die D-Mark, in Frankreich der Franc, in Eng-land das Pfund, in Spanien die Peseta)
27 in bar	siehe Punkt 16 dieses Glossars
28 unter diesen Vor-aussetzungen	unter diesen Bedingungen
29 es steht uns frei, wie wir den Vertrag gestalten	wir können den Vertrag formulieren, wie wir wollen

30 die Versicherung haf- wenn ein Schaden eintritt, zahlt die Versicherung
   tet im Schadensfall

31 zwischen dem Kunden wir haben uns in Verhandlungen mit dem Kunden
   und uns wurde ein   auf einen provisorischen Vertrag geeinigt
   Vorvertrag ausge-
   handelt

32 wir müssen in diesen mit dieser unangenehmen Sache müssen wir uns ab-
   sauren Apfel beißen   finden

2 H Ergänzungsübung

SCHREIBEN Sie die fehlenden Wörter in die Lücken. Den Schlüssel zu dieser
Übung finden Sie unter 2 I.

1. . . . der . . . . teilung von Krediten sind mehrere Um . . . . . . zu
. . . . . . sichtigen.

2. . . . den Liefer . . . . . kredit . . geht, so würden . . . Zeit aufgrund . . .
Umschuldungsverhandlungen mit Peru nur Geschäfte bis . . einer
. . . . . . ordnung von 10 Millionen Mark ge . . . . . .

3. Länder mit geringer Preisst . . . . sind g . . . . , mehr Exporthilfe
. . . andere Länder zu leisten, . . so ihre schlechte Zahlungs . . . . . . zu
verbessern.

4. Was die Ein . . . . der Tochtergesellschaft in England betrifft, so
kann es sein, daß der englische Kreditver . . . . eine Rück . . . . . . möglichkeit . . . die . . . . . . gesellschaft in Deutschland ver . . . .

5. . . . . Aussage des Kunden soll der peruanische . . teil, das heißt die
L . . . . örtlicher Firmen für Bau . . . . und Montage, in . . . bezahlt werden.

6. Wir müssen . . . . . rechnen, daß die E.C.G.D. . . . fluß . . . die . . staltung
des Vertrags n . . . . . .

7. Die Versicherung . . hält . . . . die Prüfung des Vertrags . . . , haftet da . . .
aber im . . . . fall ohne w . . . . . . Prüfung.

1. Bei – Beurteilung – Umstände – berücksichtigen
2. Was – Lieferantenkredit – angeht – zur – der – zu – Größenordnung – gedeckt
3. Preisstabilität – gezwungen – als – um – Zahlungsbilanz
4. Einschaltung – Kreditversicherer – Rückgriffsmöglichkeit – auf – Mutter-gesellschaft – verlangt
5. Nach – Anteil – Leistungen – Bauarbeiten – bar
6. damit – Einfluß – auf – Gestaltung – nimmt
7. behält – sich – vor – dafür – Schadensfall – weitere

3 A Dialog (Tonband)

HÖREN Sie sich den Dialog mehrmals an.
Das Ende des Dialogs Teil 3 wird durch 3 Gongschläge gekennzeichnet.
Bitte vor dem Lesen des Dialogtextes unbedingt erst die Auswahl- und Wieder-
holungsübung durchgehen.

3 B Auswahlübung

LESEN Sie den folgenden Text. Kreuzen Sie diejenige Aussage an, die den im Dialog gegebenen Informationen entspricht. Den Schlüssel zu dieser Übung finden Sie unter 3 C.

1. Die englische Kreditversicherung garantiert der finanzierenden Bank
   a) einen relativ günstigen Zinssatz
   b) die Rückzahlung des Kredits im Schadensfall
   c) die Absicherung des Preiserhöhungsrisikos

2. Aufgrund der Preissteigerungen muß Euro-Engineering darauf bestehen, daß
   a) ein Prämienabkommen getroffen wird
   b) dem Kunden gewisse Schwierigkeiten klar vor Augen geführt werden
   c) eine Preisgleitklausel in den Vertrag aufgenommen wird

3. Eine Preisangleichung über die Preisgleitklausel ist denkbar und wird auch von der Kreditversicherung gedeckt. Allerdings ist die Erhöhung
   a) auf einen bestimmten maximalen Prozentsatz beschränkt
   b) nur im Rahmen eines Käuferkredits möglich
   c) bei der deutschen HERMES anzumelden

4. Was die Bereitstellungsprovision angeht, so gibt Herr Koch den Rat, mit der Bank zu verhandeln, damit sie die Provision nur auf den Betrag berechnet,
   a) der unter 10 % des Auftragswertes liegt
   b) für den eine Bankgarantie vorliegt
   c) den sie tatsächlich zur Verfügung gestellt hat

3 C Schlüssel zur Auswahlübung

3 D Wiederholungsübung (Tonband)

HÖREN Sie Ihren Tonbandlehrern zu. SPRECHEN Sie in den Pausen nach.
Auf dem Tonband folgt diese Übung dem Dialog 3 A. Schauen Sie beim Nachsprechen nicht in Ihr Buch. Imitieren Sie Aussprache und Intonation der Sprecher(in). Wiederholen Sie diese Übung mehrmals.

3 E Wiederholungsübung

LESEN Sie diesen Text erst nach der Arbeit mit dem Tonband.

die Rückzahlung des Kredits — die Rückzahlung des Kredits im Schadensfall — die Kreditversicherung garantiert die Rückzahlung des Kredits im Schadensfall — die Kreditversicherung garantiert der finanzierenden Bank die Rückzahlung des Kredits im Schadensfall

die Deckung übernehmen — die Kreditversicherung wird die Deckung übernehmen — die Kreditversicherung wird die Deckung übernehmen, wenn sie eine Bankgarantie erhält — die Kreditversicherung wird die Deckung nur dann übernehmen, wenn sie eine Bankgarantie erhält

Form und Wortlaut — Form und Wortlaut der Garantie — Form und Wortlaut der Garantie müssen überprüft werden — natürlich müssen Form und Wortlaut der Garantie von der Bank überprüft werden

Festpreis — der Kunde besteht auf einem Festpreis — der Kunde besteht uns gegenüber auf einem Festpreis

beanstanden — den Prozentsatz beanstanden — der Kunde wird den Prozentsatz beanstanden — der Kunde wird den Prozentsatz der Preiserhöhung beanstanden

eine Bereitstellungsprovision — eine eventuell zuviel gezahlte Bereitstellungsprovision — Forderungen anmelden für eine eventuell zuviel gezahlte Bereitstellungsprovision — der Kunde wird Forderungen anmelden für eine eventuell zuviel gezahlte Bereitstellungsprovision

die Vorteile der Finanzierung — die Vorteile der Finanzierung aus England — wir erklären dem Kunden die Vorteile der Finanzierung aus England — der nächste Schritt für uns ist, daß wir dem Kunden die Vorteile der Finanzierung aus England erklären

3 F Dialog (Tonband und Buch)

HÖREN Sie sich den Dialog 3 A nochmals an. LESEN Sie gleichzeitig den folgenden Dialogtext *stumm* mit. Arbeiten Sie anschließend den Text durch. Dabei hilft Ihnen das einsprachige Glossar im Anschluß an den Dialogtext, auf das die Zahlen vor den zu erklärenden Ausdrücken verweisen. HÖREN Sie sich schließlich den Dialog nochmals an und versuchen Sie, ihn gleichzeitig zu SPRECHEN.

Herr Meyer: Herr Koch, wir sollten (1) *uns darauf einstellen,* daß der peruanische Kunde diese Finanzierungskonstruktion nicht kennt, das heißt, wir müßten ihn genau über alles informieren und ihm auch gewisse Schwierigkeiten ganz klar vor Augen führen.

Herr Koch: Nun, der relativ günstige Zinssatz, der im Rahmen eines solchen Käuferkredits möglich ist, wird dem Kunden beim Vergleich mit anderen Finanzierungsmöglichkeiten über manche Schwierigkeit hinweghelfen.

Herr Meyer: Gut. Wie gehen wir konkret vor?

Herr Koch: Wir legen zunächst, wie schon gesagt, den Liefervertrag zwischen dem Kunden und Euro-Engineering U. K. der E.C.G.D. zur Prüfung vor und (2) *stellen einen Antrag auf Kreditversicherung.* Dann muß zwischen dem Kunden und der Bank ein sogenanntes (3) *Finanzabkommen* getroffen werden.

Herr Meyer: Wird dieses Abkommen auch von der E.C.G.D. geprüft?

Herr Koch: Ja, und die Kreditversicherung ihrerseits garantiert daraufhin der finanzierenden Bank die Rückzahlung des Kredits im Schadensfall.

Herr Meyer: Wer stellt den Antrag hierfür?

Herr Koch: Wir würden über unsere Tochtergesellschaft Barclays Bank bitten, dem Kunden das (4) *Muster* eines solchen Finanzierungsvertrags zur Prüfung zu schicken.

Herr Meyer: Lassen Sie mich diese Schritte noch einmal zusammenfassen: Erstens: Vorlage des Liefervertrags bei der E.C.G.D., gleichzeitig Stellen eines Antrags. Zweitens: Beschaffung eines Musters

42

	des Finanzierungsvertrags und Übersendung desselben an den Kunden, um sein Einverständnis herbeizuführen. Ist das alles?
Herr Koch:	Nein. Die E.C.G.D. wird die Deckung nur dann übernehmen, wenn sie eine Bankgarantie oder eine gleichwertige Absicherung der Zahlungsverpflichtungen des Kunden in Peru erhält.
Herr Meyer:	Dazu schreibt unsere örtliche Vertretung, daß eine bankähnliche Finanzierungsinstitution in Peru existiert, die eine solche Garantie geben würde.
Herr Koch:	Das ist die (5) *COFIDE.* Na wunderbar! Das würde bedeuten, daß der Sicherungsgeber bereits akzeptiert ist, denn die E.C.G.D. hat diese Institution bisher immer als deckungsfähig angesehen.
Herr Meyer:	Dann wäre diese Seite also schon geklärt!
Herr Koch:	Ja. Natürlich müssen Form und (6) *Wortlaut* der Garantie von Barclays Bank beziehungsweise von der E.C.G.D. überprüft werden.
Herr Meyer:	Gut. Und was bleibt jetzt noch zu tun?
Herr Koch:	Nun muß noch ein sogenanntes (7) *Prämienabkommen* zwischen dem Exporteur und der E.C.G.D. getroffen werden.
Herr Meyer:	Betrifft das die Zahlung der Versicherungsprämie?
Herr Koch:	Ja. In diesem Abkommen verpflichtet sich Euro-Engineering U. K., die (8) *Auflagen* der staatlichen Kreditversicherung zu erfüllen und die vereinbarte Prämie zu zahlen. Die Versicherung kann verlangen — wir haben das schon erwähnt —, daß das Prämienabkommen auch von Euro-Engineerings Muttergesellschaft in Deutschland unterschrieben wird.
Herr Meyer:	Um die Möglichkeit des Rückgriffs zu haben!
Herr Koch:	Richtig.
Herr Meyer:	Kommen wir zu einem anderen Problem, Herr Koch. Mir ist bekannt, daß in Frankreich die Möglichkeit besteht, das Preiserhöhungsrisiko durch die staatliche Kreditversicherung, die (9) *COFACE,* absichern zu lassen. Wie ist das in England?
Herr Koch:	Eine solche Möglichkeit sehe ich in England nicht.
Herr Meyer:	Das ist schlecht, denn der Kunde besteht uns gegenüber auf einem (10) *Festpreis.* Wenn man bedenkt, daß wir in den letzten

	beiden Jahren eine Preissteigerung von etwa fünfzehn Prozent in England hatten . . .
Herr Koch:	Sie müssen natürlich (11) *darauf bestehen,* daß eine (12) *Preisgleitklausel* in den Vertrag aufgenommen wird.
Herr Meyer:	Gut, aber wie ist ein Vertrag mit einer Preisgleitklausel, deren Ergebnis noch nicht bekannt ist, im Rahmen eines Käuferkredits unterzubringen?
Herr Koch:	Betrachten wir doch einmal die Situation hier in der Bundesrepublik. Preiserhöhungsrisiken können nicht abgedeckt werden, aber die Möglichkeit einer vertraglich vereinbarten (13) *Preisangleichung* über die Preisgleitklausel ist denkbar und auch deckbar. Allerdings ist die Erhöhung auf einen bestimmten maximalen Prozentsatz beschränkt . . .
Herr Meyer:	Und wie hoch ist dieser Prozentsatz?
Herr Koch:	Etwa zehn Prozent des Auftragswertes. Diese Möglichkeit ist bei der deutschen (14) *HERMES* gegeben, und so dürfte es wohl auch bei der E.C.G.D. sein.
Herr Meyer:	Das würde bedeuten, daß wir *dem Vertragspreis* einen solchen Prozentsatz (15) *zuschlagen* müßten.
Herr Koch:	Richtig. Und dieser Zuschlag müßte ebenfalls in den Kredit der Bank an den Kunden eingeschlossen sein.
Herr Meyer:	Ich sehe da noch einige Probleme auf uns zukommen. Der Kunde wird den Prozentsatz (16) *beanstanden,* den wir (17) *für notwendig erachten,* er wird (18) *Forderungen anmelden* für eine eventuell zuviel gezahlte (19) *Bereitstellungsprovision* . . .
Herr Koch:	Nun, bei der derzeitigen peruanischen Finanzsituation sind wir gezwungen, die Preissteigerungsrate so anzusetzen, daß jedes Risiko für uns (20) *ausgeschlossen* ist. Das sind kaufmännische (21) *Usancen.* Ich nehme an, daß der Kunde das einsieht. Und was die Bereitstellungsprovision angeht, so würde ich mit der Bank verhandeln, damit sie die Provision nur auf den Betrag berechnet, den sie tatsächlich zur Verfügung gestellt hat.
Herr Meyer:	Gut, ich glaube, ich sehe nun einigermaßen klar. Der nächste Schritt für uns ist, daß wir dem Kunden die Vorteile der Finanzierung aus England erklären. Gleichzeitig müssen wir ihm

(22) *erläutern*, daß die als geschätzte Preissteigerung eingesetzte Summe endgültig nach Vorliegen der tatsächlichen Preissteigerung abgerechnet wird und daß ihm *hieraus* keinerlei (23) *Nachteile erwachsen* werden ...

Herr Koch, ich danke Ihnen sehr für Ihren Rat! Was wären wir ohne unsere Finanzabteilung ...

Herr Koch: Was wäre die Finanzabteilung ohne den Verkauf? Viel Erfolg, Herr Meyer!

(3 Gongschläge)

1 wir sollten uns darauf einstellen, daß — wir sollten uns darauf gefaßt machen, daß . . . ; wir sollten darauf vorbereitet sein, daß . . .

2 wir werden einen Antrag auf Kreditversicherung stellen — wir werden eine Versicherungsgesellschaft bitten, uns Kreditversicherungsschutz zu gewähren

3 das Finanzabkommen — Übersetzung des in England in diesem Zusammenhang üblichen Ausdrucks „financial agreement"

4 das Muster eines solchen Vertrags — das Modell eines derartigen Vertrags

5 die COFIDE — Peruanische Finanzierungsgesellschaft (Corporación Financiera de Desarrollo)

6 der Wortlaut der Garantie — der Garantietext

7 das Prämienabkommen — Übersetzung des in England in diesem Zusammenhang üblichen Ausdrucks „premium agreement"

8 die Auflagen der Versicherung — die Bedingungen, die Vorschriften der Versicherung

9 die COFACE — die staatliche Exportkreditversicherungsgesellschaft in Frankreich (Compagnie Française d'Assurance pour le Commerce Extérieur)

10 der Festpreis — Preis, der nicht revidiert werden kann (etwa durch Anwendung einer Preisgleitklausel)

11 Sie müssen darauf bestehen, daß . . . — Sie müssen daran festhalten, daß . . . ; Sie dürfen sich nicht davon abbringen lassen, daß . . .

12 die Preisgleitklausel — die Klausel (Bedingung), gemäß welcher der Preis nach einer bestimmten Formel revidiert (normalerweise erhöht) werden kann

13 die Preisangleichung — hier: die Anpassung des Vertragspreises an die zum Abrechnungszeitpunkt tatsächlich herrschenden Lohn- und Materialkosten

14 die HERMES	Deutsche Kreditversicherungsgesellschaft (Näheres in den „Arbeitstexten" auf Seite 65)
15 diesen Prozentsatz müssen wir dem Vertragspreis zuschlagen	der Vertragspreis muß von uns um diesen Prozentsatz erhöht werden
16 der Kunde wird diesen Zuschlag beanstanden	der Kunde wird mit diesem Zuschlag nicht einverstanden sein
17 diesen Prozentsatz erachten wir für notwendig	diesen Prozentsatz halten wir für nötig
18 Forderungen anmelden	Wünsche geltend machen
19 die Bereitstellungsprovision	Vergütung, die die Bank für die Reservierung eines Kredits bis zur Inanspruchnahme desselben verlangt
20 wir müssen die Rate so ansetzen, daß jedes Risiko ausgeschlossen ist	wir müssen die Rate so festlegen, daß kein Risiko entstehen kann
21 das sind kaufmännische Usancen	das entspricht kaufmännischen Gepflogenheiten, das ist unter Kaufleuten üblich
22 erläutern	erklären
23 hieraus erwachsen Ihnen keine Nachteile	hieraus entstehen Ihnen keine Nachteile

3 H Ergänzungsübung

SCHREIBEN Sie die fehlenden Wörter in die Lücken. Den Schlüssel zu dieser Übung finden Sie unter 3 I.

1. Der rela . . . günstige Zins . . . . , der im . . . . . . eines Käuferkredits möglich ist, wird dem Kunden beim V . . . . mit anderen Möglichkeiten . . . . manche Schwierigkeit hinweghelfen.

2. Wir f . . . . . zusammen: . . . lage des Liefervertrags bei der Versicherung, St . . . . . eines . . trags, ... ung eines Musters des Finanzierungsvertrags und . . . . sendung des . . . . . . an den Kunden.

3. Die Versicherung wird die D . . . . . . nur dann . . . . nehmen, wenn sie eine Bankgarantie oder eine gleich . . . . sicherung der Zahlungsver- . . . . des Kunden erhält.

4. In dem Prämienab . . . . . . ver . . . . sich die Tochtergesellschaft, die . . . lagen der st . . . . Kreditversicherung zu . . füllen und die . . . . . . barte Prämie zu zahlen.

5. Uns ist bekannt, daß in Frankreich die Möglichkeit . . . . , das Preis- . . . . risiko . . . . . die COFACE . . sichern zu . . . .

6. . . . . der . . . zeitigen Finanzsituation des Kunden sind wir gezw . . . . . , die Preissteigerungsr . . . so . . . . setzen, daß jedes Risiko für uns . . . . . schlossen ist.

7. Wir müssen dem Kunden er . . . . , daß die . . . geschätzte Preissteigerung . . . . . setzte Summe . . . gültig nach Vor . . . . . . der . . . sächlichen Preissteigerung . . . . rechnet wird.

1. relativ – Zinssatz – Rahmen – Vergleich – über

2. fassen – Vorlage – Stellen – Antrags – Beschaffung – Übersendung – desselben

3. Deckung – übernehmen – gleichwertige – Absicherung – Zahlungsverpflichtungen

4. Prämienabkommen – verpflichtet – Auflagen – staatlichen – erfüllen – vereinbarte

5. besteht – Preiserhöhungsrisiko – durch – absichern – lassen

6. Bei – derzeitigen – gezwungen – Preissteigerungsrate – anzusetzen – ausgeschlossen

7. erläutern – als – eingesetzte – endgültig – Vorliegen – tatsächlichen – abgerechnet

4 A Vier-Phasen-Übungen (Tonband)

SPRECHEN Sie, wie es Ihnen Ihre Tonbandlehrer zu Beginn jeder Übung vormachen. Das geht z. B. so vor sich:

1. Lehrer: Wird vom Kunden ein Finanzierungsangebot gewünscht?
2. Lehrer: Ja, der Kunde hat uns bereits um ein Finanzierungsangebot gebeten

Ein solches Beispiel zeigt Ihnen, wie Sie reagieren sollen, wenn Ihnen ähnliche Sprechanreize gegeben werden, etwa so:

Lehrer: Wird vom Ministerium ein Bericht gewünscht?

Schüler: Ja, das Ministerium hat uns bereits um einen Bericht gebeten

Lehrer: Ja, das Ministerium hat uns bereits um einen Bericht gebeten

Schüler: Ja, das Ministerium hat uns bereits um einen Bericht gebeten

Sie versuchen also immer, auf den Sprechanreiz, den „Stimulus", richtig zu reagieren. Falls Sie einen Fehler machen: Ihre Tonbandlehrer geben Ihnen anschließend die Modellantwort. Wiederholen Sie immer diese Modellantwort. Mehrmaliges Durcharbeiten der Drills erhöht den Lernerfolg.

4 B Vier-Phasen-Übungen

LESEN Sie diese Texte erst nach der Arbeit mit dem Tonband.

„Ja, der Kunde hat uns bereits um ein Finanzierungsangebot gebeten" (1)

Beispiel:
Wird vom Kunden ein Finanzierungsangebot gewünscht?
— Ja, der Kunde hat uns bereits um ein Finanzierungsangebot gebeten.

Jetzt sind Sie an der Reihe!
Wird vom Kunden ein Finanzierungsangebot gewünscht?
— Ja, der Kunde hat uns bereits um ein Finanzierungsangebot gebeten.

Wird vom Ministerium ein Bericht gewünscht?
— Ja, das Ministerium hat uns bereits um einen Bericht gebeten.

Wird vom Kreditinstitut eine Projektprüfung gewünscht?
— Ja, das Kreditinstitut hat uns bereits um eine Projektprüfung gebeten.

Achtung, es wird etwas schwieriger!

Beispiel:
Wird von der peruanischen Regierung ein hoher Kredit gewünscht?
— Ja, die peruanische Regierung hat uns bereits um einen hohen Kredit gebeten.

Jetzt sind Sie an der Reihe!
Wird von der peruanischen Regierung ein hoher Kredit gewünscht?
— Ja, die peruanische Regierung hat uns bereits um einen hohen Kredit gebeten.

Wird von dem englischen Lieferanten eine andere Preisgleitklausel gewünscht?
— Ja, der englische Lieferant hat uns bereits um eine andere Preisgleitklausel gebeten.

Wird von der französischen Versicherung ein neuer Vertrag gewünscht?
— Ja, die französische Versicherung hat uns bereits um einen neuen Vertrag gebeten.

Wird von der kreditgebenden Bank ein höherer Provisionssatz gewünscht?
— Ja, die kreditgebende Bank hat uns bereits um einen höheren Provisionssatz gebeten.

„Ich würde sogar auf einem günstigeren Darlehen bestehen!" (2)

Beispiel:
Wir sollten uns um ein günstigeres Darlehen bemühen.
– Ich würde sogar auf einem günstigeren Darlehen bestehen!

Jetzt sind Sie an der Reihe!
Wir sollten uns um ein günstigeres Darlehen bemühen.
– Ich würde sogar auf einem günstigeren Darlehen bestehen!

Wir sollten uns um einen höheren Lieferanteil bemühen.
– Ich würde sogar auf einem höheren Lieferanteil bestehen!

Wir sollten uns um eine geringere Preiserhöhung bemühen.
– Ich würde sogar auf einer geringeren Preiserhöhung bestehen!

Wir sollten uns um eine schnellere Rückzahlung bemühen.
– Ich würde sogar auf einer schnelleren Rückzahlung bestehen!

Wir sollten uns um einen niedrigeren Festpreis bemühen.
– Ich würde sogar auf einem niedrigeren Festpreis bestehen!

Wir sollten uns um eine bessere Versicherungsdeckung bemühen.
– Ich würde sogar auf einer besseren Versicherungsdeckung bestehen!

Wir sollten uns um eine schärfere Prüfung bemühen.
– Ich würde sogar auf einer schärferen Prüfung bestehen!

„Das geht nicht. Wir können kein besonders günstiges Angebot machen, ohne Risiken einzugehen (3)

Beispiel:
Was sagen Sie dazu: Wir sollen ein besonders günstiges Angebot machen, dürfen aber keine Risiken eingehen . . .
– Das geht nicht. Wir können kein besonders günstiges Angebot machen, ohne Risiken einzugehen.

Jetzt sind Sie an der Reihe!
Was sagen Sie dazu: Wir sollen ein besonders günstiges Angebot machen, dürfen aber keine Risiken eingehen . . .
– Das geht nicht. Wir können kein besonders günstiges Angebot machen, ohne Risiken einzugehen.

Was sagen Sie dazu: Wir sollen ein modernes Verfahren anbieten, dürfen aber keine Lizenzgebühr verlangen . . .
– Das geht nicht. Wir können kein modernes Verfahren anbieten, ohne eine Lizenzgebühr zu verlangen.

Was sagen Sie dazu: Wir sollen eine schlüsselfertige Anlage bauen, dürfen aber keine Spezialteile aus Deutschland beziehen . . .
– Das geht nicht. Wir können keine schlüsselfertige Anlage bauen, ohne Spezialteile aus Deutschland zu beziehen.

Was sagen Sie dazu: Wir sollen die volle Deckung übernehmen, dürfen aber keine Bankgarantie fordern . . .
– Das geht nicht. Wir können keine volle Deckung übernehmen, ohne eine Bankgarantie zu fordern.

Was sagen Sie dazu: Wir sollen eine große Preissenkung vornehmen, dürfen aber keine Preisgleitklausel in den Vertrag aufnehmen . . .
– Das geht nicht. Wir können keine große Preissenkung vornehmen, ohne eine Preisgleitklausel in den Vertrag aufzunehmen.

Was sagen Sie dazu: Wir sollen eine hundertprozentige Garantie geben, dürfen aber keine Preiserhöhung vornehmen . . .
– Das geht nicht. Wir können keine hundertprozentige Garantie geben, ohne eine Preiserhöhung vorzunehmen.

Was sagen Sie dazu: Wir sollen einen besonders hohen Kredit gewähren, dürfen uns aber auf kein Wagnis einlassen . . .
– Das geht nicht. Wir können keinen besonders hohen Kredit gewähren, ohne uns auf ein Wagnis einzulassen.

„Wir haben den Antrag leider noch nicht vollständig prüfen können" (4)

Beispiel:
Wie weit sind Sie mit der Prüfung des Antrags?
– Wir haben den Antrag leider noch nicht vollständig prüfen können.

Jetzt sind Sie an der Reihe!

Wie weit sind Sie mit der Prüfung des Antrags?
– Wir haben den Antrag leider noch nicht vollständig prüfen können.

Wie weit sind Sie mit der Klärung des Vertragstextes?
– Wir haben den Vertragstext leider noch nicht vollständig klären können.

Wie weit sind Sie mit der Abrechnung der Provisionen?
— Wir haben die Provisionen leider noch nicht vollständig abrechnen können.

Wie weit sind Sie mit der Auslieferung der Spezialteile?
— Wir haben die Spezialteile leider noch nicht vollständig ausliefern können.

Wie weit sind Sie mit der Rückzahlung des Kredits?
— Wir haben den Kredit leider noch nicht vollständig zurückzahlen können.

Wie weit sind Sie mit der Realisierung des Projekts?
— Wir haben das Projekt leider noch nicht vollständig realisieren können.

Wie weit sind Sie mit der Montage der Anlage?
— Wir haben die Anlage leider noch nicht vollständig montieren können.

„Ja, sie sind jedenfalls heute viel schärfer, als sie früher waren" (5)

Beispiel:
Die Prüfungen sind recht scharf, finden Sie nicht auch?
— Ja, sie sind jedenfalls heute viel schärfer, als sie früher waren.

Jetzt sind Sie an der Reihe!

Die Prüfungen sind recht scharf, finden Sie nicht auch?
— Ja, sie sind jedenfalls heute viel schärfer, als sie früher waren.

Die Spezialteile sind recht teuer, finden Sie nicht auch?
— Ja, sie sind jedenfalls heute viel teurer, als sie früher waren.

Das Antragsverfahren ist recht bürokratisch, finden Sie nicht auch?
— Ja, es ist jedenfalls heute viel bürokratischer, als es früher war.

Der Zinssatz ist recht hoch, finden Sie nicht auch?
— Ja, er ist jedenfalls heute viel höher, als er früher war.

Die Lieferzeit ist recht lang, finden Sie nicht auch?
— Ja, sie ist jedenfalls heute viel länger, als sie früher war.

Die Kreditbedingungen sind recht gut, finden Sie nicht auch?
— Ja, sie sind jedenfalls heute viel besser, als sie früher waren.

Die Bauzeit ist recht kurz, finden Sie nicht auch?
— Ja, sie ist jedenfalls heute viel kürzer, als sie früher war.

„England will seinen Export erhöhen, um seine Zahlungsbilanz zu verbessern"
(6)

Beispiel:
Warum will England seinen Export erhöhen?
Weil es seine Zahlungsbilanz verbessern möchte.
– England will seinen Export erhöhen, um seine Zahlungsbilanz zu verbessern.

Jetzt sind Sie an der Reihe!
Warum will England seinen Export erhöhen?
Weil es seine Zahlungsbilanz verbessern möchte.
– England will seinen Export erhöhen, um seine Zahlungsbilanz zu verbessern.

Warum will die Firma ihre Preise senken?
Weil sie ihren Marktanteil vergrößern möchte.
– Die Firma will ihre Preise senken, um ihren Marktanteil zu vergrößern.

Warum will der Kunde eine Versicherung abschließen?
Weil er seine Risiken verringern möchte.
– Der Kunde will eine Versicherung abschließen, um seine Risiken zu verringern.

Warum will die Gesellschaft den Kredit vom Lieferanten bekommen?
Weil sie ihre Banklimits schonen möchte.
– Die Gesellschaft will den Kredit vom Lieferanten bekommen, um ihre Banklimits zu schonen.

Warum will der Lieferant seine Tochtergesellschaft einschalten?
Weil er günstige Finanzierungsbedingungen bekommen möchte.
– Der Lieferant will seine Tochtergesellschaft einschalten, um günstige Finanzierungsbedingungen zu bekommen.

Warum will Herr Koch eine Preisgleitklausel in den Vertrag aufnehmen?
Weil er Preissteigerungen abdecken möchte.
– Herr Koch will eine Preisgleitklausel in den Vertrag aufnehmen, um Preissteigerungen abzudecken.

„Was die Bereitstellungsprovision angeht, so würde ich zunächst mit der Bank verhandeln" (7)

Beispiel:
Haben Sie einen Vorschlag bezüglich der Bereitstellungsprovision für die Bank?

– Was die Bereitstellungsprovision angeht, so würde ich zunächst mit der Bank verhandeln.

Jetzt sind Sie an der Reihe!

Haben Sie einen Vorschlag bezüglich der Bereitstellungsprovision für die Bank?
– Was die Bereitstellungsprovision angeht, so würde ich zunächst mit der Bank verhandeln.

Haben Sie einen Vorschlag bezüglich der Finanzierungsbedingungen für den französischen Kunden?
– Was die Finanzierungsbedingungen angeht, so würde ich zunächst mit dem französischen Kunden verhandeln.

Haben Sie einen Vorschlag bezüglich des Antrags an das Ministerium?
– Was den Antrag angeht, so würde ich zunächst mit dem Ministerium verhandeln.

Haben Sie einen Vorschlag bezüglich der Projektprüfung durch die Kreditanstalt?
– Was die Projektprüfung angeht, so würde ich zunächst mit der Kreditanstalt verhandeln.

Haben Sie einen Vorschlag bezüglich des Kredits für den Käufer?
– Was den Kredit angeht, so würde ich zunächst mit dem Käufer verhandeln.

Haben Sie einen Vorschlag bezüglich der Rückgriffsmöglichkeit auf die Muttergesellschaft?
– Was die Rückgriffsmöglichkeit angeht, so würde ich zunächst mit der Muttergesellschaft verhandeln.

Haben Sie einen Vorschlag bezüglich der Kapitalausstattung für die Tochtergesellschaft?
– Was die Kapitalausstattung angeht, so würde ich zunächst mit der Tochtergesellschaft verhandeln.

4 C Fragen und Antworten (Tonband)

HÖREN Sie sich die Fragen an. SPRECHEN Sie in den Pausen, d.h. beantworten Sie die Fragen nach bestem Vermögen. Wiederholen Sie jeweils die anschließende Modellantwort des Sprechers. Auf dem Tonband folgen diese Fragen und Antworten den Vier-Phasen-Übungen 4 B.

4 D Fragen

LESEN Sie die Fragen. SCHREIBEN Sie Ihre Antworten auf. Die Modellantworten zum Vergleich finden Sie unter 4 E.

1. In welcher Form hat die peruanische Firma ihr Interesse an Angeboten für eine Raffinerie bekanntgemacht?

2. Was versteht Herr Koch unter klassischen Zahlungsbedingungen?

3. Was müßte die Firma Euro-Engineering im Falle eines Lieferantenkredits tun, um das Geld für diesen Kredit zu bekommen?

4. Warum ist der Lieferantenkredit für den Kunden besonders günstig?

5. Welches Bonner Ministerium ist für Kapitalhilfekredite zuständig?

6. Woher kommt das Geld für die Kapitalhilfe?

7. Was ist der Grund dafür, daß Geschäfte in Peru zur Zeit nur bis zu einer Größenordnung von 10 Millionen Mark gedeckt werden?

8. Wie werden die Leistungen örtlicher Firmen für das Peruprojekt bezahlt?

9. Wie beurteilt Herr Meyer die Preisstabilität in England und die englische Zahlungsbilanz?

10. Was garantiert die Kreditversicherung der finanzierenden Bank?

11. Die englische Kreditversicherung übernimmt die Deckung nur, wenn sie eine bestimmte Garantie erhält. Um welche Garantie handelt es sich?

12. Die Kreditversicherung kann verlangen, daß das Prämienabkommen nicht nur von der Tochtergesellschaft, sondern auch von der Muttergesellschaft von Euro-Engineering in Deutschland unterschrieben wird. Was ist der Grund hierfür?

13. Welche Klausel soll im Hinblick auf Preissteigerungen in den Vertrag aufgenommen werden?

14. Wer oder was ist HERMES?

15. Welche Art von Vergütung verlangt die Bank dafür, daß sie eine bestimmte Kreditsumme bereitstellt?

1. Sie hat das in Form einer Ausschreibung getan.
2. Zahlung mit 10 % Anzahlung, 10 % bei Lieferung und 80 % innerhalb von 5 Jahren.
3. Sie müßte sich über die AKA refinanzieren.
4. Er schont seine eigenen Banklimits und kann eventuell die Rückzahlung etwas hinausschieben.
5. Das Ministerium für wirtschaftliche Zusammenarbeit.
6. Aus Steuergeldern.
7. Der Grund hierfür sind die Umschuldungsverhandlungen mit Peru.
8. Sie werden in bar und in peruanischer Währung bezahlt.
9. Kritisch. Er spricht von relativ geringer Preisstabilität und einer schlechten Zahlungsbilanz.
10. Die Rückzahlung des Kredits im Schadensfall.
11. Um eine Bankgarantie.
12. Die Versicherung hat in diesem Fall die Möglichkeit des Rückgriffs.
13. Eine Preisgleitklausel.
14. HERMES ist eine Kreditversicherungsgesellschaft in der Bundesrepublik Deutschland.
15. Sie verlangt eine Bereitstellungsprovision.

4 F Audio-Test (Tonband und Buch)

HÖREN Sie sich die Satzanfänge an, die Ihre Tonbandlehrer vorlesen, und
kreuzen Sie auf diesem Testbogen jeweils diejenigen Schlußfassungen der Sätze
an, die den Dialoginformationen entsprechen. Auf dem Tonband folgt dieser
Audio-Test den Modellantworten 4 E. Den Schlüssel zu diesem Test finden Sie
unter 4 G.

1   2   3

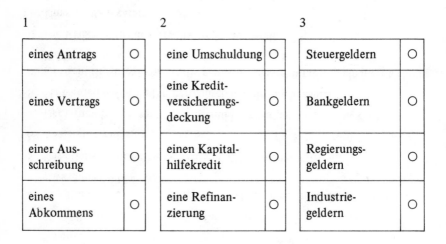

1		2		3	
eines Antrags	O	eine Umschuldung	O	Steuergeldern	O
eines Vertrags	O	eine Kredit-versicherungs-deckung	O	Bankgeldern	O
einer Aus-schreibung	O	einen Kapital-hilfekredit	O	Regierungs-geldern	O
eines Abkommens	O	eine Refinan-zierung	O	Industrie-geldern	O

4

Preiserhöhungs-risiken	○
Umschuldungs-verhandlungen mit Peru	○
hohen Zinssätzen	○
kaufmännischen Usancen	○

5

England ein EG-Land ist	○
England als deckungsfähig angesehen wird	○
ein Großteil der Ausrüstungen von dort kommt	○
England alle Auflagen der Versicherung erfüllt	○

6

10 % Anzahlung erhält	○
eine Regierungs-garantie erhält	○
eine Refinanzierung erhält	○
eine Bank-garantie erhält	○

7

grundsätzlich keine Risiken eingeht	○
die Möglichkeit des Rückgriffs haben will	○
im Schadensfall in DM bezahlt	○
die Prämienzahlung aus Deutschland bekommt	○

8

Lieferzeit-risikos	○
Bauzeitrisikos	○
Preiserhöhungs-risikos	○
Zinssatzrisikos	○

9

COFACE	○
KfW	○
AKA	○
HERMES	○

1. Die Abgabe des Angebots an den peruanischen Kunden erfolgte aufgrund
   ... (einer Ausschreibung).

2. Wenn der Lieferant dem Kunden einen Kredit geben soll, aber die erforderlichen Mittel nicht selbst zur Verfügung hat, braucht er ... (eine Refinanzierung).

3. Die Mittel für die Kapitalhilfe der Bundesrepublik Deutschland kommen
   aus ... (Steuergeldern).

4. Daß zur Zeit Geschäfte mit Peru bei Lieferantenkrediten nur bis zu 10 Millionen D-Mark gedeckt werden, hat seinen Grund in den ... (Umschuldungsverhandlungen mit Peru).

5. Für England als Finanzierungsland für dieses Projekt spricht die Tatsache,
   daß ... (ein Großteil der Ausrüstungen von dort kommt).

6. Die britische Kreditversicherung übernimmt die Deckung nur dann, wenn
   sie ... (eine Bankgarantie erhält).

7. Das Prämienabkommen muß auch von Euro-Engineerings Muttergesellschaft
   unterschrieben werden, weil die britische Kreditversicherung ... (die Möglichkeit des Rückgriffs haben will).

8. Die staatliche Kreditversicherung in Frankreich bietet die Möglichkeit der
   Absicherung des ... (Preiserhöhungsrisikos).

9. Was die E.C.G.D. in England ist, das ist in der Bundesrepublik Deutschland
   die ... (HERMES).

4 G Schlüssel zum Audio-Test

4 H Zusammenfassung (Tonband)

HÖREN Sie sich die folgende Zusammenfassung der Dialoge 1 A, 2 A, 3 A an, und machen Sie sich dabei kurze Notizen wie bei einer Besprechung oder einem Kurzreferat. Versuchen Sie dann, anhand der Notizen den Inhalt der Zusammenfassung zu rekonstruieren.

SCHREIBEN Sie anschließend den Text nach Diktat vom Tonband, und korrigieren Sie schließlich etwaige Fehler durch Vergleichen mit 4 I.

4 I Zusammenfassung (Text)

Für die Firma Uniperu haben wir gemäß Letter of Intent innerhalb von 18 Monaten eine schlüsselfertige Raffinerie zu liefern. Der Anteil der Lieferungen und Leistungen aus der Bundesrepublik soll nicht mehr als 25 % betragen. Der Gesamtpreis der Anlage einschließlich Seefracht und Versicherung beläuft sich auf 20 Millionen D-Mark.

Der Kunde hat uns nachdrücklich um ein Finanzierungsangebot gebeten. Die Finanzabteilung rät zu einem Käuferkredit aus England unter Einschaltung unserer britischen Tochtergesellschaft. Dieser Kredit ist für den Kunden billiger als ein Lieferantenkredit aus Deutschland. Für uns bietet er den Vorteil, daß wir praktisch Barzahlungsbedingungen bekommen und unsere Bilanz nicht mit einem langen Zahlungsrisiko belasten müssen. Die geplante Finanzierungskonstruktion bezieht unsere Tochtergesellschaft, die britische Exportkreditversicherung und Barclays Bank ein. Grundlage wäre ein normaler Liefervertrag zwischen unserer Tochtergesellschaft und dem Kunden. Die weiteren Schritte sind: 1) Vorlage des Liefervertrags bei der Versicherung; 2) Stellen eines Versicherungsantrags; 3) Abschluß eines Finanzabkommens zwischen dem Kunden und der Bank; 4) Beschaffung einer Bankgarantie durch den Kunden; 5) Abschluß eines Prämienabkommens zwischen dem Exporteur und der Versicherung.

Wir werden dem Kunden die Vorteile einer solchen Finanzierung aus England erklären. Wir können davon ausgehen, daß der Kunde unseren Vorschlag aufgrund der konkreten Vorteile akzeptieren wird. Die Möglichkeit einer Änderung des bereits ausgehandelten Vorvertrags ist allerdings nicht auszuschließen.

4 J Arbeitstexte

LESEN Sie diese Texte. Schlagen Sie unbekannte Wörter möglichst in einem einsprachigen Lexikon nach.

Auszüge aus einem Schulungsvortrag für junge Kaufleute der Firma Euro-Engineering.

Kreditversicherung und Refinanzierung

Kreditversicherung
Dem Exporteur sind durch verschiedene Institutionen Möglichkeiten gegeben, seine Forderungen gegen möglicherweise eintretende Risiken zu versichern. Kreditversicherung wird sowohl von privaten Kreditversicherungen als auch vom Bund übernommen. Die Hermes und die Deutsche Revisions- und Treuhand-Gesellschaft sind vom Bund beauftragt, als Mandatare die Übernahme von Bundesdeckungen vorzubereiten und zu überwachen. Die Deckung selbst erfolgt im Namen und Auftrag des Bundes.

. . . .

Die nachfolgende Übersicht ist auf die Deckung des Bundes abgestellt, da von Euro-Engineering in erster Linie diese Bundesdeckung als Kreditversicherung benutzt wird.

Risiken und ihre Deckungsfähigkeit
Man unterscheidet grundsätzlich bei der Bundesdeckung zwischen Bürgschaften und Garantien. Bürgschaften werden übernommen bei Geschäften mit ausländischen Regierungen oder sonstigen Körperschaften öffentlichen Rechts, und Garantien bei Geschäften mit privaten ausländischen Firmen.

Politische Risiken
Unter politischen Risiken versteht man von außen kommende Einwirkungen durch Maßnahmen der Regierung des Empfängerlandes oder Ereignisse wie beispielsweise Krieg. Diese politischen Risiken werden nur durch staatliche Kreditversicherungen abgedeckt, privaten Versicherungsinstitutionen ist dies untersagt.

Wirtschaftliche Risiken
Hierunter fallen Nichtzahlungs-Tatbestände, die aufgrund der Zahlungsunfähigkeit des Schuldners entstehen. Eine Abdeckung wird sowohl von staatlichen als auch von privaten Versicherungen vorgenommen.

Umschuldung

Hierbei handelt es sich um Vereinbarungen zwischen Gläubiger- und Schuldnerland auf Regierungsebene, die zur Abwendung des Staatsbankrotts abgeschlossen werden. In diesen Fällen verpflichten sich die jeweiligen staatlichen Kreditversicherungen zur Entschädigung für den Exporteur, während von der Seite des Schuldnerlandes nur bestimmte, in den Umschuldungsverhandlungen vereinbarte Prozentsätze direkt aufgebracht werden, während die Differenzbeträge von der Regierung des Gläubigerlandes zur Verfügung gestellt werden. Die Rückzahlung dieser Umschuldungsbeträge an das Gläubigerland erfolgt langfristig, meist über einen Zeitraum von 30 Jahren gegen eine minimale Verzinsung. Es handelt sich hierbei also nicht um echte Schadensfälle, sondern um eine Forderungsstundung langfristiger Art. Der Selbstbehalt in diesen Fällen wird nach Anhörung der Exporteure (mittels Fragebogen) zwischen Gläubiger- und Schuldnerland ausgehandelt. Dieser Selbstbehalt wird dann meist mit einer Verzögerung von 2–4 Jahren aus den Tilgungszahlungen des Schuldnerlandes erstattet.

. . . .

Refinanzierung

Ein nicht unwesentliches Verkaufsargument ist seit geraumer Zeit die Möglichkeit, dem Kunden Zahlungserleichterungen in Form eines mehr oder weniger langfristigen Kredites anzubieten. Voraussetzung hierfür ist außer den Möglichkeiten der Kreditversicherung die Refinanzierung des Lieferanten für den dem Kunden gewährten Kredit.

Es folgt ein Überblick über die möglichen Kreditarten.

Lieferantenkredit

Beim Lieferantenkredit gewährt der Lieferant dem Kunden direkt den Kredit auf eigene Rechnung. Er übernimmt damit die Funktion der Bank. Bei dieser Konstruktion überwiegen die Vorteile des Kunden, denn er schont seine eigenen Kreditmöglichkeiten bei seinen Banken. Außerdem kann er aufgrund seiner Abnehmerstellung auf den Lieferanten hinsichtlich Zahlungsbedingungen und Kreditkonditionen, wie beispielsweise Zinsen, einen größeren Druck ausüben und hat bis zur Restrate die Möglichkeit, bei auftretenden Schwierigkeiten Gegenforderungen abzuziehen.

Andererseits belastet der Lieferant seine Bilanz und muß sich seinerseits Refinanzierungsmöglichkeiten suchen. Damit belastet er wiederum seine eigenen Kreditlinien, die in erster Linie eigenen Investitionen dienen sollten.

Zusammengefaßt läßt sich daher sagen, daß vom Lieferanten direkt gewährte Kredite sowohl das Bilanzbild wie Liquidität und Rentabilität verschlechtern.

Käufer- oder Finanzkredit

Hierbei handelt es sich um die Kreditierung zwischen dem Abnehmer und einer Bank. Es ist die eigentliche Form des Kredites, wobei der Lieferant zu Barzahlungsbedingungen abschließt und der Abnehmer aus dem ihm gewährten Kredit der Bank die Zahlung vornimmt.

Zweifellos kann der Exporteur dem Abnehmer bei der Beschaffung eines Käufer- oder Finanzkredites behilflich sein.

. . . .

Kapitalhilfe

Die bilaterale Kapitalhilfe ist eine entwicklungspolitische Maßnahme zur Beschleunigung von wirtschaftlichem Wachstum in Entwicklungsländern. Sie wird im Rahmen eines Regierungsabkommens zwischen der Bundesregierung und der Regierung des Empfängerlandes über die KfW gewährt. Standardkonditionen sind 25 Jahre Laufzeit, 7 Freijahre, Verzinsung 3 % p. a. In der Regel sind Kapitalhilfekredite nicht liefergebunden, d. h. daß keine deutsche Ware oder Leistung für die Kredite erworben werden muß. Der Anstoß dafür, daß bestimmte Projekte aus der Kapitalhilfe finanziert werden sollen, muß stets vom Empfängerland kommen. Nach Prüfung des Projektes werden dann die Mittel bereitgestellt. Die Auszahlung erfolgt nach Projektfortschritt und ermöglicht dem Abnehmer Barzahlungsbedingungen für den Vertrag mit dem Exporteur.

. . . .

Refinanzierungs-Institute

Banken

Zur Refinanzierung des Exporteurs steht grundsätzlich seine Hausbank zur Verfügung. Die Bank gewährt im Rahmen einer Kreditlinie dem Exporteur die Möglichkeit, seinerseits Waren auf Kredit zu verkaufen. Zu dieser klassischen Kreditfunktion kommt noch die Bereitstellung von Finanzkrediten (Käufer- oder Bestellerkredit) an den Abnehmer. Diese Kredite werden im Rahmen des offiziellen Geldmarktes gegeben und je nach Bonität des Kreditnehmers besichert.

AKA (Ausfuhrkredit-GmbH)

Zur Refinanzierung von fest abgeschlossenen Ausfuhrgeschäften kann der Exporteur bei der AKA mittel- und langfristige Kredite beantragen. Diese Kredite sind zweckgebunden. Die Auszahlung erfolgt entsprechend einem einzureichenden Finanzierungs- und Tilgungsplan, wobei die AKA sich das Recht vorbehält, Überprüfungen vorzunehmen.

. . . .

KfW (Kreditanstalt für Wiederaufbau)

Die KfW ist eine Körperschaft des öffentlichen Rechts, an deren Kapital der Bund mit 80 % und die Länder mit 20 % beteiligt sind. Hauptsächliche Aufgaben der KfW sind:

Refinanzierung von Lieferantenkrediten deutscher Exporteure

Gewährung von Finanzkrediten an ausländische Abnehmer

Abwicklung der Kapitalhilfe

Grundsätzlich soll die KfW anderen Finanzierungsinstituten keine Konkurrenz machen, d. h. ihre Finanzierung soll da einsetzen, wo andere Kreditinstitute nicht mehr die erforderlichen Mittel aufbringen.

. . . .